초보자도 쉽게 배울 수 있는!!

기초中國語 會話

● 쉽게 정복하는 中國語 회화!!
● 중요 단어 해설

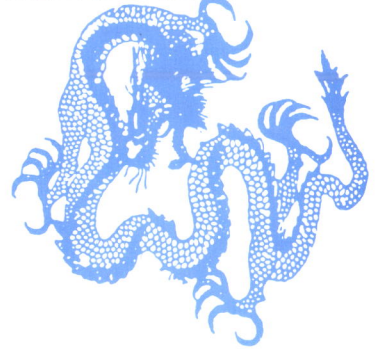

太乙出版社

● 초보자도 쉽게 배울 수 있는

기초 中國語會話

編輯部 編

太乙出版社

첫머리에＊

중국어 회화 초보자를 위하여

 현대를 '4대 강국의 시대'라고 합니다. 미국·일본·중국·소련의 영향력은 세계의 정치·문화·경제·사회의 전반에 걸쳐서 강력하게 전달되고 있읍니다.

 이제 '우물안의 개구리' 시대는 지나갔다고 봅니다. 격변하는 세계 정세의 와류 속에서 살아남기 위해서는 과감하게 밖으로 뛰어나가 선진 제국들과 어깨를 겨루지 않으면 안된다고 생각합니다.

 세계에서도 가장 뛰어난 두뇌를 가진 우리 민족이 지금까지 큰 빛을 보지 못한 가장 큰 이유는 바로 '개인적'인 자가당착에만 빠져 있었기 때문이 아닌가 합니다. 밖을 볼 줄 아는 시야, 더 멀리, 더 넓게 뛰어나갈 수 있는 진취적인 기상, 이러한 추진력을 우리는 키워야 할 것입니다.

 그러기 위해서는 무엇보다도 세계 속에 뛰어 들기 위한 첫걸음으로서 외국어를 익히지 않으면 안됩니다.

 '나를 알고 적을 알면 백 번 싸워 백 번 이길 수 있다'는 말은 중국의 춘추전국시대에만 알맞는 '용병술

(用兵術)'이 아닙니다. 이 말은 바로 소용돌이 치는 현대의 국제정세 속에서 싸워 이기기 위한 진리의 '명언'이라고 생각됩니다.

상대방을 알기 위해서는 먼저 상대방의 언어에 능통해야 합니다. 그래야만 상대방과의 대화를 자유 자재로 할 수가 있고, 그러므로써 상대방에 관한 인식을 정확하게 할 수 있을 것입니다.

폐사에서 이번에 「기초 중국어 회화」를 펴내는 가장 큰 이유는 바로, '중국을 올바로 알고, 중국을 정확하게 인식하는 일'이야 말로 우리의 시야를 보다 넓힐 수 있는 하나의 계기가 될 수 있으리라는 뜻에서입니다.

지금까지 중국어를 전혀 배우지 못했던 초보자라 하더라도 중국어를 쉽게 익히고, 일상 생활에서 충분히 활용할 수 있도록 기초에서부터 완벽하게 꾸몄읍니다. 특히 중국어의 독특한 '4성 발음(四聲發音)' 부호를 표시함으로써 정확한 발음을 할 수 있도록 하였읍니다.

독자 여러분에게 많은 도움이 되길 빕니다.

편저자 씀.

차 례*

- **첫머리에** / 중국어 회화 초보자를 위하여······ 5

제1장/중국어 회화를 위한 기초 문법

- **중국어의 발음**··············14
  (1) 중국어(中國語)의 음(音)··············14
  (2) 우리말에 없는 중국음(中國音)··············15
  (3) 성조(聲調)··············15
- **경성(輕聲)**··············16
- **사성(四聲)의 변화**··············16
- **중국어의 기본문법**··············17
  (1) 글(文)의 종류(種類)··············17
  (2) 보어(補語)··············18

제2장/기초 중국어 회화

1. 안녕하십니까(평상인사)··············22
2. 안녕하세요(아침인사)··············24
3. 당신을 만나서 기쁩니다··············26
4. 덕분에 잘 지냅니다··············28
5. 매일 5시에 일어납니다··············30
6. 내일 봅시다··············32
7. 오랜만입니다··············34

8. 성씨가 뭡니까······················ 36
9. 왕선생님 계십니까················ 38
10. 친구 소개······························ 40
11. 오늘은 몇 월 몇 일입니까········ 42
12. 금년에 몇 살입니까················ 44
13. 집안 식구가 몇입니까············ 46
14. 결혼하셨읍니까···················· 48
15. 지금 몇 시입니까·················· 50
16. 당신은 어디 사람입니까·········· 52
17. 시청은 여기에서 멉니까·········· 54
18. 이 거리에 영화관이 있읍니까··· 56
19. 동대문 운동장까지 어떻게 갑니까······ 58
20. 한 번 빌려 쓰겠읍니다············ 60
21. 부탁합니다···························· 62
22. 롯데호텔은 어디에 있읍니까···· 64
23. 저 분은 누구십니까················ 66
24. 얼마입니까···························· 68
25. 넥타이 사러 갑니다················ 70
26. 구두 한 켤레를 사려고 합니다··· 72
27. 국산품이 좋습니다················· 74
28. 이 상품은 1, 2년은 문제 없읍니다··· 76
29. 이 부근에 식당이 있나요········ 78

30. 배가 부릅니다 ················· *80*
31. 음식을 주문하다 ················· *82*
32. 뭘 마시겠어요 ················· *84*
33. 어디에 사십니까 ················· *86*
34. 방을 예약하다 ················· *88*
35. 가져왔읍니까 ················· *90*
36. 나는 가야 합니다 ················· *92*
37. 열쇠는 프론트에서 보관하고 있어요 ········ *94*
38. 중국말을 배웁시다 ················· *96*
39. 알아들을 수 있읍니까 ················· *98*
40. 오늘 날씨가 어떻습니까 ················· *100*
41. 무슨 꽃을 좋아하십니까 ················· *102*
42. 키가 큽니다 ················· *104*
43. 오늘 저는 매우 바쁩니다 ················· *106*
44. 지금 시간 있읍니까 ················· *108*
45. 빨리 가서 오라고 하세요 ················· *110*
46. 담배 피우십시오 ················· *112*
47. 제가 좀 봐도 될까요 ················· *114*
48. 한국말을 할 줄 아십니까 ················· *116*
49. 일본 요리 먹읍시다 ················· *118*
50. 몇 번 버스를 타야 하지요 ················· *120*
51. 차 안에서 잃어버렸읍니다 ················· *122*

52. 가격이 올랐읍니다······················124
53. 옷이 너무 더러워졌어요················126
54. 비행장에 친구를 마중하러 갑니다·········128
55. 찬물 한 잔만 주세요····················130
56. 나는 그들을 모릅니다···················132
57. 넘어졌어요····························134
58. 생일을 축하합니다·····················136
59. 여자 친구와 약속이 있읍니다············138
60. 이발································140
61. 중국어를 몇 년이나 배우셨읍니까········142
62. 서울에 대해 어떻게 느끼십니까··········144
63. 어제 나는 병이 났읍니다················146
64. 계산은 제가 하겠읍니다·················148
65. 무슨 운동을 좋아합니까·················150
66. 여러분, 줄을 서세요···················152
67. 잘못 거셨읍니다(전화)·················154
68. 왕선생님과 통화하고 싶습니다···········156
69. 저에게 전화해 달라고 전해 주세요·······158
70. 에누리가 없읍니다······················160
71. 70원 거슬러 드립니다···················162
72. 취미가 무엇입니까······················164
73. 영화를 보다···························166

74. 어떤 음악을 좋아하십니까 ………………… *168*
75. 어디 아프니 ……………………………… *170*
76. 비행장에서 택시를 탔을 때 ……………… *172*
77. 한국팀이 미국팀을 이겼읍니다 …………… *174*
78. 돈 좀 있으세요 …………………………… *176*
79. 노래 부르기를 좋아하십니까 ……………… *178*
80. 경주까지 뭘 타고 갑니까 ………………… *180*
81. 당신네 선수단은 모두 몇 명입니까 ……… *182*
82. 어느 곳을 견학했읍니까 ………………… *184*
83. 무슨 곤란한 일 있으십니까 ……………… *186*
84. 우산을 가지고 가세요 …………………… *188*
85. T.V 시청 ………………………………… *190*
86. 처음 서울에 오십니까 …………………… *192*
87. 손님을 초대하다 ………………………… *194*
88. 휴가를 이용해서 여행을 갑니다 ………… *196*
89. 슈퍼마켙에 갑니다 ……………………… *198*
90. 사진 한 장 찍읍시다 …………………… *200*
91. 서울에는 어떤 관광구역이 있읍니까 …… *202*
92. 서울대공원은 어디 있읍니까 …………… *204*
93. 지하철을 탔을 때 ……………………… *206*
94. 인삼은 한국의 특산품입니다 …………… *208*
95. 우표를 살 때 …………………………… *210*

96. 전보를 치려고 합니다 ················· 212
97. 한국의 기후는 어떻습니까 ············· 214
98. 계산해 주세요(숙박료 계산) ············ 216
99. 부산행 차표 한 장 주세요 ·············· 218
100. 여권을 좀 보여 주세요 ················ 220
101. 신고할 물건 있읍니까(짐 검사시) ········ 222
102. 새것은 세금에서 물어야 합니다(세관에서) ···· 224
103. 제주도가 가장 멋진 명승지입니다 ········ 226
104. 할인 판매 ························· 228
105. 환전 ····························· 230
106. 가장 아름다운 계절은 언제입니까 ········ 232
107. 서울에서 제일 번화한 곳 ·············· 234
108. 한국에 대해서 관심이 있읍니까 ········· 236
109. 운동장에는 병 종류를 가져갈 수 없읍니다 ··· 238
110. 선물을 사려고 합니다 ················· 240
111. 금방 됩니다 ························ 242
112. 갔다 오는데 10일 정도 걸릴 거야 ········ 244
113. 와서 나좀 도와 주세요 ················ 246
114. 금년 여름 휴가에 계획이 있읍니까 ······· 248
115. 나와 겨루어 보는 게 어떻습니까 ········ 250
116. 이 과일은 무엇입니까 ················· 252

제 1 장

중국어 회화를 위한
기초 문법

기초 중국어 문법

중국어의 발음(發音)

(1) 중국어의 음(音)

 한자(漢字)는 원래 중국(中國)의 문자(文字)로서 예전에 우리나라에 수입되어, 우리 선조들은 당시에는 한자를 중국 사람들과 동일하게 발음했다. 오랜 시일이 경과함에 따라 고유의 음(音)에 변화를 일으켜, 오늘날 전연 다르게 읽는 경우를 발생케 하였다. 그러나 계통을 세워보면 근사(近似)한 공통성(共通性)을 발견할 수 있다. 예를 들면 성(成), 성(盛), 성(誠) 따위의 한 가지 글자를 우리 말로는 '성'이라 읽는가 하면 중국음(中國音)으로는 '청'이라고 읽는 등이 그것이다.

 우리말에서 여러 한자를 같은 음으로(音) 읽는 경우가 많은 것처럼, 중국어에서도 여러 글자를 같은 음으로 발음하는 경우가 많다. 동일한 음(音)으로 동일하지 않은 여러 글자를 표시하기 위한 일종의 방법이 동일한 음(音)을 네 가지(四種)의 음조(音調)에 의하여 구별하는 것이 사성(四聲)이다.

(2) 우리말에 없는 중국음(中國音)

이 책에서는 한글로써 음(音)을 표시하였지만 우리말로 중국음을 표시하는데는 한계가 있다. 그 음(音)들은 다음과 같다.

1. **진치음(唇齒音)** : 윗앞니와 아랫입술 사이에서 나는 소리.

   즉. 영어의 f音.   예) 服(푸)

2. **권설음(捲舌音)** : 혀 전체를 목구멍 쪽으로 당겨, 혀끝을 입천정에 말아올려서 내는 음.

   zh - 즈(쯔) 예) 中(쭝)
   ch - 츠   예) 城(청)
   sh - 스   예) 是(스)
   r - 르   예) 日(르)

3. **설치음(舌齒音)** : 혀를 물고 혀끝을 앞니에 가볍게 부딪힐 정도로써 나오는 音.

   z - 쯔 예) 子(쯔)
   c - 츠 예) 錯(추오)
   ss - 쓰 예) 思(쓰)

(3) 성조(聲調)

성조란 중국어의 특성으로 음(音)의 고저(高低) 및 변동을 말하는 것으로 경성(輕聲)과 성조의 변화를 수반한다.

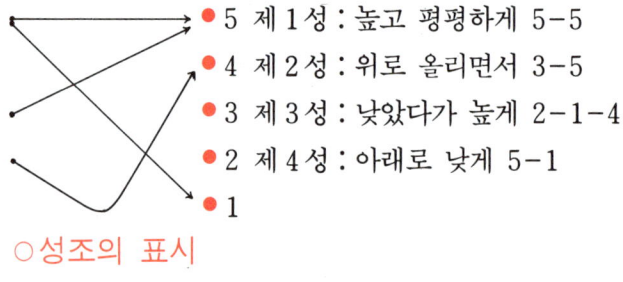

○ 성조의 표시

  제1성, 제2성, 제3성, 제4성, 경성

경성(輕聲)

글자 하나는 하나의 음(音)과 하나의 음조(音調)를 가지고 있으나 일상회화에 있어서 글자마다 낱낱이 사성(四聲)을 구별하여 읽지는 않는다. 이 같이 사성을 발음 구조상 자연스럽게 혹은 부가(附加) 성분들을 경우에 따라 경성으로 처리하여 발음한다.

  예) ˇ ˇ ˊ ◦ ˊ ◦
  　　你有没有朋友?

사성(四聲)의 변화(變化)

위에서 말한 경성도 일종의 사성변화이다. 즉, 사

성변화란 하나 이상의 音의 연속발음을 원활하게 하기 위한 자연현상이다.

a. 제3성의 변화

    ˇ + ˇ → ˊ + ˇ

    ˇ · ˇ · ˇ → ˊ : ˊ : ˇ, ˇ + ˊ + ˇ

b. 「一, 七, 八, 不」의 변화

一, 七, 八, 不 자(字) 다음에 제4성이 오면 제2성으로 변하고 제1, 2, 3성자가 오면 一, 不는 4성 七, 八은 원(原)성조를 낸다.

c. 아화운(兒化韻)

아(兒)가 어미(語尾)에 올 때 어간(語幹)의 음이 변화하는 현상이다.

  예) 這兒   쯔+얼 → 쩔

       好好兒 하오+얼 → 하올

중국어의 기본 문법

(1) 글(文)의 종류(種類)

a. 진술문

기본문형 : 주어(主語) – 술어(述語) – 객어(客語) (目的語)

예) ○我是學生(나는 학생입니다.)

    ○這本書很新(이 책은 새것입니다.)

○先生工作(선생님은 일을 한다.)

○我們學習中文(우리는 중국어를 배운다.)

b. 의문문(疑問文)

기본문형 : ① 진술문＋의문조사(마 : 嗎)？ 예) 你好嗎

　　　　② 선택식

　　　　　예)　他是不是老師？(그는 선생님입니까？)

　　　　　　　她好不好看？(그녀는 예쁩니까？)

　　　　③ 의문사 사용

　　　　　• 他是誰？

　　　　　• 這是甚麼？

　　　　　• 哪個好？

c. 명령문

동사(動詞)가 앞에 온다.

예)　• 不要看！(보지 마세요.)

　　• 趕快回去(빨리 돌아가！)

d. 감탄문

○天哪！(하느님 맙소사！)

啊！是你呀(아！너로구나.)

(2) 보어(補語)

중심어(中心語)인 동사, 형용사의 뜻을 보충하며 중심어의 뒤에 놓인다.

a. **정도보어** : 동사의 정도를 나타낸다.

예) 他來得早(그는 일찍 왔다.)
- 조구조사(造句助詞) '得'를 필요로 한다.

b. 결과보어 : 동사뒤에 놓여 동작의 결과를 보충한다.

예) 我已經做完了工作了. (나는 일을 다 마쳤어요.)
書都賣光了. (책이 모두 팔렸다.)

c. 방향보어 : 동작의 방향을 보충 설명한다.

○他進教室來了. (그는 교실로 들어왔다)
○他回家去了. (그는 집으로 돌아갔다.)

d. 가능보어

造句助詞 '得'를 써서 가능보어를 만든다.
○你聽得懂我的話嗎?
(내 말을 알아 듣겠니?)

가능보어의 부정은 得 대신 不를 쓴다.
○對不起! (면목이 없읍니다.)

제 2 장

기초 중국어 회화

1. 你好嗎？

A：你好嗎？

B：好，你好嗎？

A：很好。

B：你的太太也好嗎？

A：她也好，謝謝你。

1. 안녕하십니까? (평상 인사)

A : 안녕하십니까?
B : 예. 안녕하십니까?
A : 예. 아주 좋습니다.
B : 당신 부인도 안녕 하십니까?
A : 그녀도 잘 있읍니다. 감사합니다.

🟥 주
- 你 : 너, 당신(2인칭).
- 好 : 좋다.
- 嗎 : 의문조사.
- 很 : 매우, 아주.
- ～的 : ～의(소유격).
- 太太 : 부인.
- 也 : ～도, ～또한.
- 謝謝 : 감사합니다.

2. 早安！
_{짜오 안}

A：早安，李先生。
_{짜오 안　리 씨엔 성}

B：早安
_{짜오 안}

A：今天天氣眞好哇！
_{찐 티엔티엔 치 쩐 하오 와}

B：對，眞是好的。
_{뚜이　쩐 스 하오 더}

A：近來你過得怎麼樣？
_{찐 라이 니 꾸워 더 쩐 모 양}

B：還好。
_{하이 하오}

2. 안녕하세요 (아침 인사)

A : 안녕하세요. 이 선생님.
B : 안녕하세요.
A : 오늘 날씨 정말 좋군요!
B : 그래요. 정말 좋군요.
A : 근래 지내시기가 어떻습니까?
B : 여전히 좋습니다.

주
- 早 : 아침.
- 今天 : 오늘.
- 眞 : 정말로.
- 對 : 맞다.
- 過 : 지내다, 생활하다.
- 安 : 평안하다.
- 天氣 : 날씨.
- 哇 : 어기조사, 감탄조사.
- 近來 : 근래, 요즈음.
- 還 : 여전히.

3. 見到你我很高興
　　（지엔따오 니 워 헌 까오 씽）

A：你好嗎？ 我是姓李的。
　　（니 하오 마　워 스 싱 리 더）

B：啊、你就是有名的李先生嗎？
　　（아　니 찌우스 요 밍 더 리 씨엔 성 마）

A：哪兒的話，我不是有名的。
　　（날 더 화　워 부 스 요 밍 더）

B：久仰久仰！
　　（지우 양 지우 양）

　　今天我見到你很高興。
　　（찐 티엔 워 지엔따오 니 헌 까오 씽）

3. 당신을 만나서 기쁩니다

A : 안녕하십니까? 제가 이가 입니다.
B : 아. 당신이 바로 유명한 이 선생
   이시군요.
A : 별말씀을, 전 유명하지 않습니다.
B : 존함은 일찍부터 듣고 있었읍니다.
   오늘 만나뵙게 되서 매우 기쁩니다.

주
- 高興 : 즐겁다, 기쁘다.
- 姓 : 성씨.
- 啊 : 감탄사.
- 就 : 바로, 그.
- 有名 : 유명하다.
- 哪兒的話 : 천만에 말씀.
- 久仰 : 오래전부터 존경했읍니다.

4. 託福很好

A：你好哇！

B：託福很好，你呢？

A：謝謝，很好。

B：近來你的健康怎麼樣？

A：健康也好，都是你的福。

4. 덕분에 잘 지냅니다

A : 안녕하십니까?
B : 덕분에 잘 지냅니다. 당신은요?
A : 감사합니다. 잘 지냅니다.
B : 요즘 건강은 어떠십니까?
A : 건강도 좋습니다. 모두 당신 덕택이
　　지요.

주
●託福 : 덕분에.
●近來 : 요즈음, 근래.
●健康 : 건강, 건강하다.

5. 每天六點起來

A：早安，你每天起得太早。

B：我已經成了習慣了。

A：早睡早起身體好。

B：對呀！

A：平常你早上做甚麼？

B：我就散散步。

5. 매일 6시에 일어납니다

A : 잘 주무셨어요? 당신은 매일 너무 일찍 일어나십니다.

B : 저는 이미 습관이 됐는걸요.

A : 일찍 자고 일찍 일어나는 게 몸에 좋지요.

B : 맞습니다.

A : 평소에 아침에 뭘 하십니까?

B : 저는 산보를 합니다.

주

- 起得太早 : 너무 일찍 일어나다.
- 已經 : 이미.
- 每天 : 매일
- 習慣 : 습관.
- 成 : ~이 되다.
- 睡 : 자다.
- 做 : 하다.
- 散步 : 산보하다.

6. 明天見！

A：你明天忙不忙？

B：不忙。

A：那麼，到我家來坐坐好不好？

B：好極了。甚麼時候？

A：下午五點，可以嗎？

B：可以。好，明天見！

6. 내일 봅시다

A : 너 내일 바쁘니?

B : 바쁘지 않아.

A : 그러면. 우리집에 놀러 오는게 어때?

B : 좋지. 언제?

A : 오후 5시. 괜찮아?

B : 괜찮아. 좋아. 내일 보자.

주
- 忙 : 바쁘다.
- 好極了 : 아주 좋습니다.
- 下午 : 오후(↔上午).
- 可以 : 됩니다.

7. 好久不見！

A：李先生，好久不見！

B：好久不見，最近好嗎？

A：還好。你呢？

B：我也好，我們家也很平安。

7. 오랜만입니다

A : 이 선생. 오랜만입니다.
B : 오랜만입니다. 요즘 어떠십니까?
A : 여전히 좋습니다. 당신은요?
B : 저도 좋습니다. 우리집도 편안합니다.

주
- 好久 : 아주 오랫동안.
- 平安 : 평안하다.

8. 您貴姓？
_{닌 꾸이 씽}

A：您貴姓？
_{닌 꾸이 씽}

B：我姓金。您貴姓？
_{워 씽 진　닌 꾸이 씽}

A：我姓王。你的名字叫甚麼？
_{워 씽 왕　니 더 밍 쯔 찌아오 션 머}

B：我叫明德。
_{워 찌아오 밍 더}

A：我叫永昌。
_{워 찌아오 용 창}

8. 성씨가 뭡니까?

A : 성이 뭡니까?
B : 제 성은 金입니다. 당신 성은 뭡니까?
A : 제 성은 王입니다. 당신 이름을 뭐라고 부릅니까?
B : 저는 명덕이라 부릅니다.
A : 저는 영창이라고 합니다.

주
- 您 : 你의 존칭.
- 名字 : 이름.
- 叫 : ~라고 부르다.

9. 王先生在不在？

A：您是哪一位？

B：我找王先生來的。王先生在不在？

A：他剛剛出去了。

B：甚麼時候回來？

A：也許馬上回來吧！你在客廳裏等一下。

B：好，謝謝。

9. 왕 선생님 계십니까?

A : 누구십니까?
B : 저는 왕 선생님을 찾아온 사람입니다.
  왕 선생님 계십니까?
A : 금방 나가셨는데요.
B : 언제 돌아오십니까?
A : 아마 금방 돌아오실 겁니다.
  응접실에서 잠깐만 기다리세요.
B : 예. 감사합니다.

주

- 在 : 있다.
- 哪 : 어느.
- 找 : 찾다.
- 剛剛 : 방금.
- 出去 : 나가다.
- 也許 : 아마.
- 馬上 : 금방, 곧.
- 客廳 : 응접실.

10. 介紹朋友

A：我給你介紹一位中國朋友。他是張先生。

B：張先生，你好？

C：你好，我叫張志文。您貴姓？

B：這兒有我的名片。

C：謝謝，我很高興看到你。

10. 친구 소개

A : 제가 당신에게 중국 친구 한 분을 소개하겠읍니다. 이분은 장 선생입니다.
B : 장 선생님 안녕하십니까?
C : 안녕하십니까? 저는 장지문 이라고 합니다.
　　당신 성함은 무엇입니까?
B : 여기 제 명함이 있읍니다.
C : 감사합니다. 당신을 보게 되어 기쁩니다.

주
- 介紹 : 소개하다.
- 一位 : 한분, 一個의 존칭.
- 朋友 : 친구.
- 這兒 : 여기에 (那兒 : 거기에, 哪兒 : 어디에).
- 名片 : 명함.
- 看到 : 보게 되다.

11. 今天是幾月幾號？
<small>찐 티엔 스 지 위에 지 하오</small>

A：今天是幾月幾號？
<small>찐 티엔 스 지 위에 지 하오</small>

B：五月七號。
<small>우 위에 치 하오</small>

A：星期幾呢？
<small>싱 치 지 너</small>

B：星期六。明天是星期日。
<small>싱 치 리우　밍 티엔 스 싱 치 르</small>

11. 오늘은 몇 월 몇 일 입니까?

A : 오늘이 몇 월 몇 일이지요?
B : 5월 7일 입니다.
A : 무슨 요일이지요?
B : 토요일 입니다. 내일이 일요일이군요.

주

- 幾 : 몇.
- 號 : 일(日)
- 〈요일〉, 星期, 禮拜.
  星期一(월요일)   星期二(화요일)   星期三(수요일)
  星期四(목요일)   星期五(금요일)   星期六(토요일)
  星期日(天)

12. 今年幾歲?

A：你今年幾歲?

B：二十一歲。

A：比我少三年。

B：那麼,你是二十四歲嗎?

A：是,到了七月我要二十五歲。

12. 금년에 몇 살입니까?

A : 올해 몇 살이십니까?
B : 스물 하나 입니다.
A : 저보다 세살이 어리군요.
B : 그러면 24살 이십니까?
A : 그렇습니다. 7月이면 25살이 됩니다.

주

- 歲 : 나이, ~살.
- 比 : ~보다, ~에 비해서.
- 那麽 : 그러면.
- 到了 : ~(때)가 되면.

13. 你家裏有幾口人？

A：你家裏有幾口人？

B：連我七口人。

A：有幾個哥哥？

B：只有一個。

A：那麼，有三個弟弟，是不是？

B：不，兩個弟弟，一個妹妹。

13. 집안 식구가 몇 입니까?

A : 집안 식구가 몇 입니까?
B : 저까지 일곱입니다.
A : 형이 몇이 있읍니까?
B : 하나 뿐입니다.
A : 그러면, 남동생이 셋 있군요. 그렇죠?
B : 아닙니다. 남동생 둘과 여동생 하나
  입니다.

주

- 口人 : 식구.
- 連 : ~까지.
- 哥哥 : 형, 오빠.   ● 弟弟 : 남동생.
- 妹妹 : 여동생 (姐姐 : 누나, 언니).

14. 結婚了没有

A：你還没結婚吧。

B：不是，我是結婚的。

A：眞的嗎？ 看起來，你好像是一個未婚女。

B：你不對了。我已經是三個孩子的媽媽了。

14. 결혼 하셨읍니까?

A : 당신은 아직 결혼 안하셨죠?
B : 아닙니다. 전 결혼한 사람입니다.
A : 정말 입니까? 보기에는 미혼녀 같은데요.
B : 틀렸어요. 전 이미 세 아이의 엄마랍니다.

주

- 結婚 : 결혼하다, 결혼.
- 吧 : 추측, 권유의 어기조사.
- 眞的嗎 : 정말입니까?
- 未 : 아직~않다.
- 三個 : 세 명.
- 孩子 : 아이들.
- 媽媽 : 엄마(↔爸爸)

15. 現在幾點？

A：現在幾點鍾？

B：我的錶五點。

A：奇怪，我的錶怎麼才三點半呢。

B：大概是壞了吧。

A：啊，我忘了上弦了。

15. 지금 몇 시 입니까?

A : 지금 몇 시죠?
B : 내 시계로는 5시야.
A : 이상한데. 내 시계는 어째서 이제야
　　3시 반이지?
B : 아마 고장이 났나보군.
A : 아, 내가 태엽 감는 걸 잊었어.

주

- 現在 : 지금.
- 點 : 시(時)
- 錶 : 시계(손목시계)
- 奇怪 : 이상하다, 괴상하다.
- 怎麽 : 어째서.
- 壞 : 고장나다, 망가지다.
- 忘了 : 잊다.
- 上弦 : 태엽감다.

16. 你是哪兒人？

A：你從哪兒來？

B：我是從臺灣來的。

A：你是不是中國人？

B：是的。

A：你在那兒做甚麼？

B：我是教書的。

A：你是老師嗎？

B：對。

16. 당신은 어디 사람입니까?

A : 어디서 오셨읍니까?
B : 저는 대만에서 왔읍니다.
A : 중국인 이십니까?
B : 그렇습니다.
A : 거기서 뭘 하십니까?
B : 저는 글을 가르칩니다.
A : 선생님 이십니까?
B : 그렇습니다.

주

- 哪兒 : 어디.
- 是不是 : ~입니까 아닙니까?
- 是的 : 그렇습니다.
- 老師 : 선생님, 교사.

17. 市政府離這兒很遠嗎？

A：市政府離這兒很遠嗎？

B：坐車不太遠，走路的話需要十五分

左右。

A：甚麼車可以到那兒呢？

B：很多公共汽車都可以到。

A：車站在哪兒？

B：在馬路對面。

17. 시청은 여기에서 멉니까?

A : 시청이 여기서 멉니까?

B : 차를 타면 별로 멀지 않지만 걸어 간다면 15분 가량 소요됩니다.

A : 어떤 차를 타야 갈 수 있지요?

B : 많은 버스들이 모두 그곳에 갑니다.

A : 정류장이 어딘가요?

B : 큰 길 맞은편에 있읍니다.

주

- 市政府 : 시청.
- 離 : ~에서 떨어져 있다.
- 太 : 너무, 굉장히.
- 遠 : 멀다.
- 走路 : 걸어가다.
- ~的話 : ~한다면.
- 公共汽車 : (巴士) 버스
- 車站 : 정류장.
- 馬路 : 큰길.
- 對面 : 맞은편.

18. 這條街有電影院嗎？

A：這條街上有沒有電影院？

B：這街上沒有。

A：那麼，怎麼走可以到？

B：沿着這條街走，過兩條街就是。

18. 이 거리에 영화관이 있읍니까?

A : 이 거리에 영화관이 있나요?
B : 이 거리에는 없읍니다.
A : 그럼. 어떻게 가야 갈 수 있죠?
B : 이 길을 따라가다가, 두 거리를 지나면 바로 그 곳입니다.

주

- 條 : 줄기, 가지(길(街)의 양사)
- 電影院 : 영화관.
- 街上 : 거리.
- 沿 : ～따라서.
- 過 : ～를 지나다.

19. 到東大門運動場怎麼走？

A：請問，到東大門運動場去往哪兒走？

B：一直往前走吧。

A：走到哪一個地方？

B：走到十字路就可以看見。

A：要拐彎嗎？

B：不用拐，就在馬路邊。

19. 동대문 운동장까지 어떻게 갑니까?

A : 말씀 좀 묻겠읍니다. 동대문 운동장 가려면 어느쪽으로 가야 합니까?

B : 계속 앞으로 걸어 가십시요.

A : 어디까지 걸어가야 하지요?

B : 로타리까지 걸어가면 바로 볼 수가 있읍니다.

A : 꺾어져 돌아가야 합니까?

B : 돌 필요 없읍니다. 바로 큰 길가에 있읍니다.

주

- 運動場 : 운동장.
- 往 : ~쪽으로.
- 一直 : 계속해서.
- 往前 : 앞으로.
- 十字路 : 십자로, 로타리.
- 要 : ~해야하다, ~하려한다.
- 拐 : 꺽다.
- 彎 : 돌다.
- 不用 : ~할 필요없다.
- 邊 : ~변에.

20. 借給我用一下

A：借給我用一下可不可以？

B：可以。可是明天能拿來吧！後天早上我們要用。

A：好吧！那麼明天晚上送來。

B：你一定要拿來。

A：放心好了。我不忘記。

20. 한 번 빌려 쓰겠읍니다

A : 한 번 빌려 쓸수 있을까요?
B : 그러십시요. 하지만 내일 가져와야 합니다.
   모레 아침에는 우리가 써야 합니다.
A : 좋아요. 그럼 내일 저녁 가져오겠읍니다.
B : 틀림없이 가져와야 합니다.
A : 안심하세요. 잊지 않습니다.

주

- 借 : 빌리다.
- 一下 : 한번, 잠시, 잠깐, 좀.
- 能 : ~할수 있다.
- 拿 : 가지다.
- 早上 : 아침.
- 晚上 : 저녁.
- 放心 : 염려말라.
- 忘記 : 잊다.
- 後天 : 모레.
- 送 : 보내다.
- 一定 : 틀림없이.
- 不 : ~않다.

21. 拜託你了
_{바이투오 니 러}

A：你家裏有沒有錄音機？
_{니 지아 리 요 메이 요 루 인 지}

B：有是有，是我爸爸的。
_{요 스 요, 스 워 빠 바 더}

A：能不能借給我一天？
_{넝 뿌 넝 찌에게이 워 이 티엔}

B：我要跟他問一下。
_{워 야오 껀 타 원 이 시아}

A：對不起，拜託你了。
_{뚜이 부 치, 바이투오 니 러}

B：沒甚麼，請等一下。
_{메이 션 머, 칭 덩 이 시아}

21. 부탁합니다

A : 당신 집에 녹음기 있읍니까?
B : 있기는 있지만 아버지 것 입니다.
A : 저한테 하루 빌려 줄 수 있읍니까?
B : 제가 한번 물어보지요.
A : 미안하지만. 부탁합니다.
B : 뭘요? 잠깐 기다리세요.

주

- 拜託 : 부탁하다.
- 錄音機 : 녹음기.
- ~的 : ~것.
- 一天 : 하루.
- 跟 : ~와, 더불어.
- 對不起 : 미안합니다, 면목없읍니다.
- 請 : 부탁합니다.
- 等 : 기다리다.

22. Lotte 大飯店在哪兒？

A：你去過沒有 Lotte 大飯店？

B：去過一次。

A：在哪兒？

B：可能在明洞附近。

A：跟 Lotte 百貨公司接近嗎？

B：是呀！ 就在百貨公司旁邊。

22. 롯데 호텔은 어디 있읍니까?

A : 롯데 호텔에 가 본 적 있읍니까?
B : 한번 가 봤읍니다.
A : 어디에 있지요?
B : 아마 명동 부근일 겁니다.
A : Lotte 백화점과 가까운가요?
B : 그렇죠. 바로 백화점 옆입니다.

주

- 大飯店 : 호텔.
- ~過 : ~한적이 있다.
- 一次 : 한번.
- 附近 : 부근.
- 百貨公司 : 백화점.
- 接近 : 근접하다.
- 旁邊 : 옆, ~옆에.

23. 那位是誰?
_{나 웨이 스 세이}

A: 那一位是誰?
_{나 이 웨이 스 세이}

B: 他是我的老朋友是中國人。
_{타 스 워 더 라오 펑 요 스 쭝구오렌}

A: 中國人嗎? 他說韓國話,說得很好。
_{쭝구오렌 마 타 쑤오 한구오 화 쑤오 더 헌 하오}

B: 對, 跟韓國人一樣。
_{뚜이 껀 한구오렌 이 양}

23. 저 분은 누구십니까?

A : 저 분이 누구시죠?
B : 그는 저의 오랜 친구입니다.
 중국인이죠.
A : 중국인 이예요? 한국말을 아주
 잘 하는데요.
B : 그래요. 한국사람과 꼭 같죠.

주

- 誰 : 누구.
- 說 : 말하다.
- 說得很好 : 잘 말한다.
- 一樣 : 한가지, 똑같다.

24. 多少錢?

A：這個多少錢?

B：兩千五百塊錢。

A：那麼貴呢

B：不算貴，東西好哇！

A：有沒有比這個便宜的?

B：那個是兩千的。

A：給我包兩個兩千的。

B：好，請等一下。

24. 얼마입니까?

A : 이것 얼마지요?
B : 2천 5백원 입니다.
A : 그렇게 비싸요?
B : 비싸다고 할수 없지요.
　　 물건이 좋아요!
A : 이것보다 싼것은 없나요?
B : 저것은 2천원 짜리 입니다.
A : 2천원 짜리 2개 싸 주십시요.
B : 예. 잠깐만 기다리세요.

주

- 多少 : 얼마.
- 錢 : 돈.　　　　　● 貴 : 비싸다.
- 不算 : ~라 할수 없다.
- 東西 : 물건.
- 便宜 ; 싸다(가격이)
- 包 : 싸다, 포장하다.

25. 買領帶去

A：你到哪兒去？

B：我到市場去。

A：買甚麼去？

B：買領帶去。

A：你想買甚麼顏色的？

B：我想買藍色的。

25. 넥타이 사러 갑니다

A : 어디 가십니까?
B : 시장에 갑니다.
A : 뭘 사러 가십니까?
B : 넥타이 사러요.
A : 무슨 색깔을 사고 싶은데요?
B : 나는 파란색을 사고 싶습니다.

주

- 領帶 : 넥타이.
- 市場 : 시장.
- 買 : 사다(↔賣 : 팔다)
- 顔色 : 색깔.
- 想 : ~하고 싶다. 생각하다.
- 藍色 : 푸른색.

26. 要買一雙皮鞋

A：我要買一雙皮鞋。

B：你願意甚麼樣的？

A：給我一雙黑的看看。

B：這雙怎麼樣？

A：比這個更結實的沒有嗎？

26. 구두 한 켤레를 사려고 합니다

A : 구두 한 켤레 사려고 하는데요.
B : 어떤 모양을 원하십니까?
A : 검은색으로 한 켤레 보여주세요.
B : 이것이 어떻습니까?
A : 이것보다 더 튼튼한 것 없나요?

주

- 一雙 : 한켤레.
- 皮鞋 : 가죽신, 구두.
- 願意 : ~하고 싶다, 원하다.
- 黑 : 검은색.
- 怎麼樣 : 어떻습니까?
- 一又~又~ : ~하고 또~하다.
- 結實 : 튼튼하다.
- 穿 : 신다.
- ~着 : ~하고 있는 (지속)

27. 國貨很好

A：這兩個哪一個好？

B：一個是國貨，一個是德國貨，

　　我想還是德國貨好。

A：價錢差不多吧！

B：國貨便宜一點。

A：看起來没甚麼差別，國貨却結實。

27. 국산품이 좋습니다

A : 이 두개 중 어느것이 좋습니까?
B : 하나는 국산이고, 하나는 독일제인데, 내 생각에는 아무래도 독일제가 좋은 것 같습니다.
A : 가격은 마찬가지지요?
B : 국산이 조금 쌉니다.
A : 보기에는 별 차이가 없는데요. 국산이 오히려 튼튼한데요.

주

- 國貨 : 국산.
- 德國 : 독일.
- 貨 : 독일제.
- 還是 : 그래도, 여전히
- 價錢 : 가격.
- 差不多 : 거의, 마찬가지.
- 一點 : 조금, 약간.
- 看起來 : 보기에는.
- 却 : 오히려.
- 差別 : 구별, 차이.

28. 這商品一兩年沒有問題

A：這是用甚麼做的？

B：用皮做的。

A：有尼龍做的沒有？

B：有哇，你要看嗎？

A：哪個比較好呢？

B：我看皮做的不錯。

A：尼龍做的能用多久？

B：大概一兩年沒問題吧。

28. 이 상품은 1·2년은 문제 없읍니다

A : 이것은 뭘로 만들었죠?
B : 가죽으로 만들었읍니다.
A : 나일론으로 만든 것은 없나요.
B : 있어요. 보시겠읍니까?
A : 어느 것이 비교적 좋은가요?
B : 제가 보기에는 가죽으로 만든 것이 괜찮습니다.
A : 나일론으로 만든 것은 오래 쓸 수 있나요?
B : 아마 1·2년은 문제 없을 겁니다.

주

- 商品 : 상품.
- 用~做的 : ~으로 만든 것.
- 尼龍 : 나일론.
- 不錯 : 좋다.

29. 這附近有沒有館子？

A：這附近有沒有館子？

B：你要吃飯嗎？

A：是，我肚子餓了。

B：你喜不喜歡吃烤肉？

A：我很喜歡，去吃烤肉吧！

B：好極了，快走吧！

29. 이 부근에 식당이 있나요?

A : 이 부근에 식당이 있나요.
B : 식사 하시겠어요?
A : 예. 배가 고프군요.
B : 불고기 좋아 하십니까?
A : 아주 좋아합니다. 불고기 먹으러 갑시다.
B : 좋아요. 빨리 갑시다.

주

- 館子 : 식당.
- 吃 : 먹다.
- 肚子 : 배.
- 餓 : 배고프다.
- 喜歡 : 좋아하다.
- 烤肉 : 불고기.
- 快 : 빨리.

30. 吃飽了

A：你多用菜吧！

B：我不客氣，够了。

A：菜還有很多哇，不要客氣。

B：吃飽了，吃不下去。

A：那麼，請吃這個水果。

B：謝謝，眞的够了。

30. 배가 부릅니다

A : 음식 많이 드세요.
B : 사양하지 않습니다. 충분히 먹었읍니다.
A : 음식이 아직 많은걸요? 사양치 마세요.
B : 배가 부릅니다. 더 먹을수가 없어요.
A : 그럼 이 과일 좀 드시죠.
B : 감사합니다. 정말 충분합니다.

주

- 飽 : 배부르다.
- 多用 : 많이 드세요.
- 够 : 충분하다.
- 客氣 : 사양하다.
- 菜 : 음식.
- 水果 : 과일.

31. 點菜
_{디엔차이}

A：您想點甚麼菜？
_{닌 샹 디엔 션 머 차이}

B：這裏有甚麼菜？
_{쩌 리 요 션 머 차이}

A：這兒是韓國式餐廳。
_{쩔 스 한 구오 스 찬 팅}

B：那我們吃韓國的烤肉吧！
_{나 워 먼 츠 한 구오 더 카오로우 바}

A：以外呢？
_{이 와이 너}

B：還要吃一碗冷麵。
_{하이야오 츠 이 완 렁 미엔}

31. 음식을 주문하다

A : 무슨 음식을 주문 하시겠읍니까?
B : 여기 무슨 음식이 있지요.
A : 여기는 한국식 식당입니다.
B : 그러면 우리 한국의 불고기를
　　먹읍시다.
A : 그 이외는요?
B : 냉면 한 그릇 먹겠어요.

주

● 點菜 : 음식을 시키다.
● 餐廳 : 음식점.
● 以外 : 이외.
● 一碗 : 한 그릇.

32. 要喝甚麼？

A：你要喝甚麼？

B：這兒有甚麼喝的？

A：果汁，咖啡，氣水，可樂，冰淇淋

等等。

B：我要喝一杯冰的咖啡。你呢？

A：我要吃草梅冰淇淋。

32. 뭘 마시겠어요?

A : 뭘 마시겠어요?
B : 여기는 마실 것이 뭐 있지요?
A : 쥬스. 커피. 사이다. 콜라.
   아이스크림 등등 이죠.
B : 나는 냉커피 한 잔 마시겠어요?
   당신은요?
A : 나는 딸기 아이스크림 먹겠어요.

주

- 喝 : 마시다.
- 果汁 : 쥬스.
- 咖啡 : 커피.
- 氣水 : 사이다.
- 可樂 : 콜라.
- 冰淇淋 : 아이스크림.
- 冰的 : 찬.
- 一杯 : 한 잔, 한 컵.
- 草莓 : 딸기.

33. 住在哪兒？

A：李先生，您家在哪兒？

B：在漢城。

A：漢城的甚麼地方？

B：漢江以南的一個公寓。

A：公寓嗎？公寓是很方便吧。

B：方便是方便。

33. 어디에 사십니까?

A : 이 선생. 당신은 어디 사십니까?
B : 서울에 삽니다.
A : 서울에 어느 곳이지요?
B : 한강 이남의 한 아파트에 삽니다.
A : 아파트요? 아파트는 참 편리하지요?
B : 편리하긴 편리합니다.

- 住在 : ~에 살다.
- 以南 : ~이남.
- 公寓 : 아파트.
- 方便 : 편리하다.
- ~是~ : ~하기는 ~하다.

34. 訂房間

A：我要訂一個房間。

B：單人房還是雙人房呢？

A：我要單人房，有衛生設備嗎？

B：當然。

A：一天多少錢？

B：六千塊。

A：太貴了吧！

B：觀光旅舘都是一樣的。

34. 방을 예약하다

A : 방 하나를 예약하려는데요.
B : 1인용이요 아니면 2인용을 원하십니까?
A : 1인용을 원합니다. 위생 설비는 있읍니까?
B : 물론이지요.
A : 하루에 얼마지요?
B : 6,000원 입니다.
A : 너무 비싸군요.
B : 관광 여관은 모두 같습니다.

주

● 訂 : ~을 예약하다.
● 房間 : 방.

35. 帶來了沒有？

A：你帶來了沒有我的本子？

B：對不起，我又忘了。

A：那麼甚麼時候拿來？

B：明天晚上一定拿來。

A：好吧，可是千萬不要忘記。

B：放心吧，這次絕不會忘記。

35. 가져 왔읍니까?

A : 너 내 노트 가져왔니?
B : 미안해, 내가 또 잊었어.
A : 그럼 언제 가져올래?
B : 내일 저녁에 꼭 가져올께.
A : 좋아 하지만 절대로 잊지 말아.
B : 걱정마. 이번에는 절대 안 잊어.

주

- 帶來 : 가져오다.
- 本子 : 노우트.
- 千萬 : 제발.
- 絶 : 절대로.

36. 我該走了

A：現在幾點鍾了？

B：差五分到兩點。

A：天不早了。我該走了。

B：你忙甚麼？ 多坐會兒吧！

A：不行，還有點兒事。

B：那我不強留了。再見！

36. 나는 가야 합니다

A : 지금 몇 시 됐지?
B : 2시 5분 전이야.
A : 늦었구나, 나 가봐야 해.
B : 뭐가 바빠? 더 앉아 있어.
A : 안돼. 아직 일이 있어.
B : 그럼 억지로 잡진 않을께 잘가!

37. 鑰匙在櫃檯保管着

A：把門開一開。

B：鎖着，開不開呀！

A：拿鑰匙去問吧！

B：鑰匙在哪兒？

A：我不曉得。

B：你想一想看。

A：啊！想起來了。鑰匙在櫃檯保管着。

37. 열쇠는 프론트에서 보관하고 있어요

A : 문좀 열어봐.
B : 잠겼어. 열리지 않아.
A : 열쇠로 열어봐.
B : 열쇠가 어디 있지?
A : 난 몰라.
B : 생각해봐.
A : 아 생각났다. 열쇠는 후론트에서 보관하고 있잖아.

주

- 鑰匙 : 열쇠.
- 櫃檯 : 프론트, 안내.
- 把 : ~을
- 開 : 열다.
- 鎖 : 잠기다.
- 不曉得 : 모르겠어요.
- 保管 : 보관하다.

38. 學中國話吧

A：你想不想學中國話？

B：我很想念，可是没有機會。

A：我們一起學好不好？

B：好極了，從甚麼時候開始呢？

A：越快越好。

38. 중국말을 배웁시다

A : 중국어 배우고 싶지 않니?
B : 참 배우고 싶어. 하지만 기회가 없어.
A : 우리 같이 배우는게 어때?
B : 좋지. 언제 부터 시작할까?
A : 빠를수록 좋아.

주

- **學** : 배우다.
- **念** : 배우다, 읽다.
- **機會** : 기회.
- **開始** : 시작하다.
- **越~越~** : ~할수록 ~하다.

39. 聽得懂嗎？

A：你聽得懂我的話嗎？

B：我聽不懂。

A：真的不懂嗎？

B：實在不明白。

A：你沒學過嗎？

B：以前學過。可是都忘記了。

39. 알아들을 수 있읍니까?

A : 당신은 내말을 알아들을 수 있읍니까?
B : 못 알아 듣겠읍니다.
A : 정말 못 알아 듣습니까?
B : 진짜로 모르겠읍니다.
A : 배운 적이 없읍니까?
B : 전에 배운 적이 있지만 모두 잊었읍니다.

주

- 聽懂 : 알아듣다.
- 實在 : 정말로.
- 以前 : 이전에.
- 明白 : 알다, 이해하다.

40. 今天天氣好不好？

A：今天天氣好不好？

B：好像比昨天好。

A：冷不冷啊？

B：今天很暖和。

A：那好。我很喜歡暖和的天氣。

40. 오늘 날씨가 어떻습니까?

A : 오늘 날씨가 어떻죠?
B : 어제 보다 좋은 것 같은데요.
A : 춥지 않아요.
B : 오늘은 아주 따뜻하군요.
A : 그거 잘 됐군요. 나는 따뜻한 날씨를 아주 좋아합니다.

주

- 好像 : ~인 것 같다.
- 冷 : 춥다.
- 暖和 : 따뜻하다.

41. 你喜歡甚麼花？

A：你愛甚麼花？

B：我喜歡梅花。

A：好不好看？

B：很好看，你喜歡甚麼花？

A：我最愛的花是蓮花。

41. 무슨 꽃을 좋아하십니까?

A : 무슨 꽃을 좋아하십니까?
B : 저는 매화를 좋아합니다.
A : 예쁩니까?
B : 아주 예쁩니다. 당신은 무슨 꽃을 좋아하죠?
A : 제가 제일 좋아 하는 꽃은 연꽃입니다.

주

● 是 : 가장, 최고의.
● 愛 : 좋아하다, 사랑하다.
● 蓮花 : 연꽃.

42. 個子高
　　　ㄍㄜˋ ㄗ˙ ㄍㄠ

A：你的男朋友大不大？
　　ㄋㄧˇ ㄉㄜ˙ ㄋㄢˊ ㄆㄥˊ ㄧㄡˇ ㄉㄚˋ ㄅㄨˋ ㄉㄚˋ

B：他個子很高。
　　ㄊㄚ ㄍㄜˋ ㄗ˙ ㄏㄣˇ ㄍㄠ

A：比我高嗎？
　　ㄅㄧˇ ㄨㄛˇ ㄍㄠ ㄇㄚ˙

B：可能是比你高一點。
　　ㄎㄜˇ ㄋㄥˊ ㄕˋ ㄅㄧˇ ㄋㄧˇ ㄍㄠ ㄧˋ ㄉㄧㄢˇ

42. 키가 큽니다

A : 당신 남자 친구가 큽니까?
B : 그는 키가 큽니다.
A : 나 보다 큽니까?
B : 아마 당신 보다 좀 클 걸요.

주

● 個子 : 키, 신장.
● 朋友 : 친구.

43. 今天我很忙

A：你能跟我一起去嗎？

B：我不能去。我有事情。

A：他也不能走呢？

B：他晚上要走哇。

A：他現在忙不忙？

B：我看他有工夫。

43. 오늘 저는 매우 바쁩니다

A : 오늘 저와 같이 갈 수 있어요?
B : 저는 못 가겠는데요. 일이 있어요.
A : 그도 갈 수 없을까요?
B : 그는 저녁 때 가려고 하나봐요.
A : 그는 지금 바쁜가요?
B : 내가 보기에는 시간이 있는 것 같아요.

주

- 忙 : 바쁘다.
- 事情 : 일, 사정.
- 工夫 : 시간, 틈.

44. 現在有空嗎?

A：現在你有沒有空?

B：現在沒有空。

A：明天白天怎麼樣?

B：在家看書。哪兒也不去。

A：明天我去找你可不可以?

B：好哇，有甚麼事?

A：等明天再說吧。

44. 지금 시간 있읍니까?

A : 너 지금 시간 좀 있니?
B : 지금은 시간 없어.
A : 내일 낮은 어때.
B : 집에서 책봐. 아무데도 안가.
A : 내일 너 찾아가도 될까?
B : 좋아. 무슨 일 있어?
A : 내일 다시 얘기하자.

주

- 空 : 틈, 여가.
- 白天 : 낮.
- 看書 : 책보다, 공부하다.
- 哇 : 어기조사.

45. 快去叫來

A：張先生在哪裏？

B：他在客廳吧。

A：在客廳幹甚麼？

B：好像聊聊天呢。

A：跟誰在一起？

B：我不知道。

A：你快去叫他來。

45. 빨리 가서 오라고 하세요

A : 장 선생 어디 계시지?
B : 응접실에 계십니다.
A : 응접실에서 뭘 하지?
B : 한담하고 계신것 같애요.
A : 누구와 같이?
B : 모르겠는데요.
A : 네가 빨리 가서 오시라고 해라.

주

● 聊天 : 한담하다, 세상얘기하다.
● 知道 : 알다.
● 叫 : ~하게 하다.

46. 請抽煙

A : 請抽煙吧！

B : 謝謝，我不會抽煙。

A : 你不要客氣。這兒有香煙。

B : 不是。我眞不會。

46. 담배 피우십시오

A : 담배 피우시지요.
B : 감사합니다. 저는 담배를 못피웁니다.
A : 사양 하지 마십시오. 여기 담배 있어요.
B : 아닙니다. 정말 못 피웁니다.

주

- 抽煙 : 담배 피우다.
- 香煙 : 담배.

47. 我可以看嗎?

A：我可以看你的手錶嗎?

B：當然可以。

A：給我看一看好不好?

B：好，你拿去看吧!

A：在哪兒買的?

B：在漢城百貨公司買的。

47. 제가 좀 봐도 될까요?

A : 당신 손목시계 좀 봐도 됩니까?
B : 물론 되지요.
A : 좀 보여 주세요.
B : 좋아요. 가져 가서 보세요.
A : 어디서 사셨읍니까?
B : 서울 백화점에서 샀어요.

주

- 手錶 : 손목시계.
- 當然 : 당연하지요, 물론입니다.
- 漢城 : 서울.
- 給 : 주다.

48. 你會不會說韓國話？

A：你會說韓國話嗎？

B：我不懂。

A：一點兒也不懂嗎？

B：是。

A：你學過沒有？

B：没有。我聽也聽不懂，看也看不懂。

48. 한국 말을 할 줄 아십니까?

A : 한국 말 할 줄 아십니까?
B : 모릅니다.
A : 전혀 모릅니까?
B : 그렇습니다.
A : 배운 적이 있읍니까?
B : 아니요. 들어도 못 알아 듣고, 봐도 못 알아 봅니다.

주

● 會說 : 말할 수 있다.
● 看不懂 : 알아보지 못하다.

49. 吃日本菜吧

A：你餓不餓？

B：肚子餓了一點。

A：我們吃麵吧。

B：我不愛吃麵類。

A：那麼，吃日本菜吧！

B：好。

49. 일본 요리 먹읍시다

A : 배 고프니?
B : 배가 좀 고픈데.
A : 우리 국수 먹자.
B : 난 국수 종류는 싫은데.
A : 그럼 일본 요리 먹자.
B : 좋아.

주

● 麵 : 국수.
● 日本菜 : 일본요리.

50. 坐幾號巴士去才好?

A：我要到南山去。在這兒坐幾號的巴士去呢?

B：坐80號就可以。車站在馬路對面。

A：謝謝。

50. 몇 번 버스를 타야 하지요?

A : 저는 남산에 가려는데요. 여기서
　　몇 번 버스를 탑니까?
B : 80번 버스를 타면 됩니다.
　　정류장은 큰 길 맞은편에 있습니다.
A : 감사합니다.

주

● 巴士 : 버스(音譯)
● 才 : 겨우, 비로소.

51. 丟在車子裏了

A：你找甚麼？

B：找我的課本。

A：你帶來了嗎？

B：是，可是也許丟在車子裏了。

A：那怎麼辦呢？

B：沒辦法再買一本。

51. 차 안에서 잃어 버렸읍니다

A : 너 뭘 찾니?
B : 내 교과서 찾아.
A : 너 가져 왔어?
B : 응. 그런데 아마 차 안에서 잃었나바.
A : 그럼 어떻게 하지?
B : 할 수 없지 뭐 다시 한 권 사야지.

주

- 丢 : 잃다.
- 課本 : 교과서.
- 怎麼辦? : 어떻게 해요?
- 没辦法 : 방법이 없다. 어쩔 수 없다.

52. 價錢漲了

A：這大的多少錢呢？

B：價錢又漲了一點。

A：不是一個二百五嗎？

B：從上個月我們要兩百六十塊錢。

A：給我包兩個紅的。

B：謝謝你，一共五百二十塊錢。

52. 가격이 올랐읍니다

A : 이 큰 것은 얼마지요?
B : 가격이 또 약간 올랐읍니다.
A : 한개 250원 아니예요?
B : 지난 달 부터 260원을 받습니다.
A : 빨간 것 2개 싸 주세요.
B : 감사합니다. 모두 520원 입니다.

주

● 漲 : (물이)붓다, 가격이 오르다.
● 上個月 : 지난달.
● 一共 : 모두, 합쳐서.
● 塊錢 : 화폐단위.

53. 衣服太髒了

A：你的衣服怎麼這樣髒了呢？

B：在街上弄髒了。

A：趕快去好好兒洗一洗。

B：是。

A：洗乾淨了沒有？

B：洗乾淨了，洗了好幾次。

53. 옷이 너무 더러워 졌어요

A : 너 옷이 어쩌면 이렇게 더러워 졌니?
B : 길거리에서 더렵혔어요.
A : 빨리 가서 잘 빨아라.
B : 예.
A : 깨끗해 졌니?
B : 깨끗해 졌어요, 여러번 빨았는걸요.

주

- 衣服 : 옷, 의복.
- 髒 : 더럽다.
- 弄髒 : 더럽히다.   • 趕快 : 빨리.
- 洗 : 씻다, 빨다.
- 乾淨 : 깨끗하다.
- 好幾次 : 아주 여러번.

54. 到機場去接我朋友

A：你到哪兒去？

B：我要到機場去。

A：到機場幹甚麼？

B：接我的中國朋友。他是從臺北來的。

54. 비행장에 친구를 마중 하러 갑니다

A : 어디 가십니까?
B : 비행장에 가려고요.
A : 비행장엔 왜 가는데요?
B : 제 중국 친구를 마중 하려고요.
   그는 대북에서 오거든요.

주

● 機場 : 비행장.
● 接 : 마중하다. 맞이하다.
● 臺北 : 대북시.

55. 給我一杯冷水

A : 我又渴又熱。給我一杯冷水。

B : 不行，喝冷水肚子不好。

A : 有沒有冰的果汁？

B : 有哇，我給你放冰吧。

55. 찬 물 한 잔 만 주세요

A : 저는 목 마르고 더워요.
　　냉수 한 잔 만 주세요.
B : 안돼요. 냉수를 마시는건 배에 나빠요.
A : 차가운 쥬스 있나요?
B : 있어요. 제가 얼음을 넣어 드리지요.

주

- 冷水 : 냉수
- 渴 : 목마르다. 갈증나다.
- 放冰 : 얼음을 넣다.

56. 我不認識他們

A：他們都是誰呀？

B：我也不認識。

A：一個都不認得嗎？

B：那個高個子好像見過一次。

56. 나는 그들을 모릅니다

A : 저 사람들은 모두 누구입니까?
B : 저도 모르겠읍니다.
A : 한 명도 알지 못합니까?
B : 저 키큰 사람은 한 번 본 적이 있는 것 같읍니다.

주

- 認識 : 안면이 있다, 알다.
- 高個子 : 키다리.
- 見過 : 본적이 있다.

57. 跌倒了

A：車子來了，快跑吧。

B：哎呀，跌倒了。

A：受傷了沒有？

B：不要緊，流了一點兒血。

A：快去擦藥吧。

B：用不着擦藥。

57. 넘어졌어요

A : 차 왔다. 빨리 뛰자.
B : 아야! 넘어졌어.
A : 다치지 않았니?
B : 괜찮아. 피가 약간 나는데.
A : 빨리 가서 약 바르자.
B : 약 바를 필요 없어.

주

- 跌倒 : 거꾸러져 넘어지다.
- 跑 : 뛰다.
- 受傷 : 상처를 입다.
- 流血 : 피를 흘리다.
- 擦 : 바르다, 문지르다.
- 藥 : 약.
- 用不着 : 필요없다.

58. 祝你生日快樂

A：你今天晚上有没有空？

B：有甚麼事？

A：其實今天是我的生日，所以希望跟

幾位朋友一起吃晚飯。

B：這樣嗎？ 那我該去。

祝你生日快樂。

58. 생일을 축하합니다

A : 오늘 저녁에 시간 있읍니까?
B : 무슨 일이 있나요?
A : 사실은 오늘이 제 생일입니다.
그래서 몇몇 친구들과 저녁을 함께 먹으려고요.
B : 그렇습니까? 그럼 제가 마땅히 가야죠.
생일 축하합니다.

주

- 祝你 : 축하합니다, 기원합니다.
- 其實 : 사실은.
- 所以 : 그래서.
- 晩飯 : 저녁식사.
- 快樂 : 즐겁다.
- 該 : ~해야 마땅하다.

59. 跟女朋友有個約會

A：你爲甚麼一個人去？

B：他有事情。

A：甚麼事情呢？

B：好像跟女朋友有個約會。

A：啊！ 原來如此。

59. 여자 친구와 약속이 있읍니다

A : 너 왜 혼자가지?
B : 그 애가 사정이 있데.
A : 무슨 일인데.
B : 여자 친구와 약속이 있는 것 같애.
A : 아! 그랬었구나.

주

- 約會 : 약속.
- 爲甚麼 : 왜?
- 一個人去 : 혼자 갑니까?
- 原來如此! : 그랬었구나!

60. 理髮

A：我要剪髮能不能快一點？

B：可以，請坐在椅子上。

A：照原來的樣子剪一下。

B：長一點，還是短一點？

A：不要剪太短。

B：你要不要擦油？

A：不要。

60. 이발

A : 머리 좀 자르려는데 빨리 할 수 있읍니까?
B : 그럼요. 의자에 앉으십시오.
A : 원래 모양에 따라 잘라 주세요.
B : 좀 길게 할까요. 좀 짧게 할까요.
A : 너무 짧게 자르지 마세요.
B : 기름 바르시겠읍니까?
A : 아니요.

주

- 理髮 : 이발하다.
- 剪 : 자르다(가위로).
- 椅子 : 의자.
- 照 : ~에 따라서.   ● 樣子 : 모양.
- ~還是~ : ~아니면~.
- 不要 : ~하지 마라.
- 擦油 : 기름 바르다.

61. 學了幾年的中國話?

A：你學了幾年的中國話?

B：我才學了一年。

A：你說得很不錯。

B：過獎,過獎。

A：你的口音也很正確。

B：請你多多指教。

61. 중국어를 몇 년이나 배우셨읍니까?

A : 중국어를 몇 년이나 배웠나요.
B : 이제 겨우 일 년 배웠어요.
A : 정말 말을 잘 하시는데요.
B : 과찬의 말씀을.
A : 발음도 아주 정확합니다.
B : 많이 가르쳐 주세요.

주

- 不錯 : 괜찮다, 훌륭하다.
- 過獎 : 과분한 칭찬입니다.
- 口音 : 발음.
- 正確 : 정확하다.
- 指敎 : 가르치다.

62. 漢城，你覺得怎麼樣？

A：漢城的印象怎麼樣？

B：好像是很美麗的都市。

A：眞的話呢？

B：我想漢城是正在發展呢。對不對？

A：你說得很對。

62. 서울에 대해 어떻게 느끼십니까?

A : 서울의 인상이 어떻습니까?
B : 아름다운 도시인 것 같은데요.
A : 정말입니까?
B : 제 생각에는 서울은 지금 발전 중입니다.
그렇지요?
A : 당신 말이 맞습니다.

주

- 覺得 : 느끼다.
- 印像 : 인상.
- 美麗 : 아름답다.
- 都市 : 도시.
- 正在~呢 : ~하는 중이다(진행).

63. 昨天我生病了

A：昨天怎麼沒來？

B：我生病了。

A：哪兒不舒服呢？

B：好像是感冒了。

A：現在好了嗎？

B：有一點頭疼。

A：你早一點回去休息吧。

B：謝謝。

63. 어제 나는 병이 났읍니다

A : 어제는 어째서 오지 않았지?
B : 병이 났어요.
A : 어디가 아픈데?
B : 감기인 것 같아요.
A : 이젠 나았나?
B : 두통이 좀 있어요.
A : 일찍 돌아가 쉬도록 해요.
B : 고맙습니다.

주

● 生病 : 병이 나다.
● 昨天 : 어제.

64. 賬由我來付

A：今天的賬由我來付吧。

B：不對，我請的客，該我付錢。

A：你千萬不要客氣。

B：好吧，改天再請你客。

叫你破費了，不好意思。

A：哪裏哪裏，簡慢得很。

64. 계산은 제가 하겠읍니다

A : 오늘 계산은 제가 하지요.
B : 아닙니다. 제가 청했는데요.
   마땅히 제가 내야죠.
A : 제발 사양하지 마십시요.
B : 좋습니다. 다음에 제가 다시 초대하지요.
   돈을 쓰시게 해서 정말 안됐읍니다.
A : 천만에 말씀을, 대접이 소홀했읍니다.

주

- 賬 : 계산서.
- 由 : ~에서.
- 付 : 지불하겠다.
- 付錢 : 지불하다.
- 改天 : 다음날.
- 破費 : 돈을 쓰다.
- 好意思 : 마음이 좋습니다.
- 簡慢得很 : 대접이 소홀합니다.
- 哪裏 : 천만에요.

65. 你喜歡甚麼運動？

A：你喜歡哪一種運動？

B：打籃球和打網球。

A：棒球怎麼樣？

B：喜歡是喜歡，可是打得不大好。

65. 무슨 운동을 좋아합니까?

A : 무슨 운동을 좋아 하십니까?
B : 농구와 테니스를 좋아합니다.
A : 야구는 어떻습니까?
B : 좋아하긴 좋아합니다만 잘 못합니다.

주

- 運動 : 운동, 스포츠.
- 打 : (구기를) 하다.
- 籃球 : 농구.
- 網球 : 테니스.
- 棒球 : 야구.

66. 大家來排隊

A：不要推，一個一個來吧。

B：人太多，沒辦法。

A：你們不排隊的話，不能買票。

請大家來排隊。

B：我們買得到入場券嗎？

A：你們可以買。

66. 여러분 줄을 서세요

A : 밀지 마시고 한 분씩 한 분씩 오세요.
B : 사람이 많아서 어쩔수 없어요.
A : 여러분이 줄을 안서면 표를 살 수 없어요.
　　여러분, 줄을 서 주십시오.
B : 우리가 입장권을 살 수 있겠읍니까?
A : 사실 수 있읍니다.

주

- 排隊 : 줄을 짓다.
- 推 : 밀다.
- 買票 : 표를 사다.
- 入場券 : 입장권.

67. 你打錯了

A：您這兒是李先生的家嗎？

B：不是，你打錯了。

A：您的電話不是五六七八一二三嗎？

B：我們號碼是五六七八一二四。

A：噢對不起，我打錯了。

B：沒關係。

67. 잘못 거셨읍니다 (전화)

A : 거기가 이 선생님 댁 인가요?
B : 아닌데요. 잘못거셨읍니다.
A : 거기 전화가 567 - 8123 아닌가요?
B : 우리 전화번호는 567 - 8124입니다.
A : 아, 미안합니다. 제가 잘못 걸었읍니다.
B : 괜찮습니다.

주

- 打錯 : 잘못 걸다.
- 號碼 : 번호
- 噢 : 감탄사.
- 沒關係 : 괜찮아요.

68. 我要請王先生講話

A：王先生的辦公室嗎？

B：是的。

A：我要請王先生講話，他不在嗎？

B：他在，請等一下。

C：我是王義明，您是哪位啊？

A：我是李德旺。好久不見。

68. 왕 선생님과 통화하고 싶습니다

A : 왕 선생님 사무실이지요?

B : 그렇습니다.

A : 왕 선생님과 통화하고 싶은데요.
안 계십니까?

B : 계십니다. 잠깐 기다리십시오.

C : 제가 왕 의명 입니다.
누구신가요?

A : 저는 이 덕왕 입니다. 오랜만입니다.

주

● 講話 : 이야기 하다.
● 辦公室 : 사무실.

69. 講她給我打電話

A：喂您這兒是李公舘嗎？

B：對，你找誰？

A：我可以跟李小姐講話嗎？

B：現在她不在，等一會兒再打好不好？

A：請你講她給張同學打電話。

69. 저에게 전화 해달라고 전해 주세요

A : 여보세요. 李 선생 댁이죠?
B : 그렇습니다. 누굴 찾으시죠?
A : Miss리와 통화할 수 있을까요?
B : 지금 없는데요. 잠시후에 다시 전화 하는게 어때요?
A : 張 동학에게 전화좀 걸어달라고 말해 주십시오.

● 喂 : 여보세요!
● 公官 : 家의 존칭, 댁.
● 給 : ~에게.

70. 不二價

A：這件衣服不錯，不知道多少錢。

B：五千塊錢。

A：價錢太貴了吧！ 不能便宜一點嗎？

B：小姐，我們這是不二價。

70. 에누리가 없읍니다

A : 이 옷 참 괜찮은데 값을 모르겠네요.
B : 5천원 입니다.
A : 가격이 너무 비싸군요. 좀 싸게
 안되나요?
B : 아가씨 저희는 에누리가 없읍니다.

주

- 二價 : 두가지 가격, 에누리.
- 件 : (옷의)벌, 양사.

71. 找給你七十塊
자오게이 니 치 스 콰이

A: 這一瓶氣水幾塊錢?
쩌 이 핑 치 쑤이 지 콰이치엔

B: 一瓶兩百三十。
이 핑 량 바이 싼 스

A: 我沒有零錢。這有三百塊。
워 메이 요 링 치엔   쩌 요 싼 바이 콰이

B: 那我找給你七十塊錢。
나 워 자오게이 니 치 스 콰이치엔

71. 70원 거슬러 드립니다

A : 이 사이다 한 병에 얼마지요?
B : 1병에 230원 입니다.
A : 잔돈이 없군요. 여기 300원 있읍니다.
B : 그럼 제가 70원을 거슬러 드리지요.

주

- 找 : (잔돈을) 거스르다.
- 一瓶 : 한 병.
- 零錢 : 잔돈.

72. 你的嗜好是甚麼？

A：你有沒有嗜好？

B：我喜歡搜集各國的郵票。

A：那是很好的嗜好啦。

B：你呢？

A：我搜集火柴盒以外還喜歡聽古典音樂。

72. 취미가 무엇 입니까?

A : 취미가 있으십니까?
B : 나는 각국 우표 모으는 것을 좋아합니다.
A : 그것 참 좋은 취미군요.
B : 당신은요?
A : 저는 성냥갑 모으는 것 이외에 클래식 음악을 좋아합니다.

주

- 嗜好 : 취미.
- 搜集 : 수집하다, 모으다.
- 啦 : 어기조사.
- 火柴盒 : 성냥갑.
- 古典音樂 : 고전음악.

73. 看電影

A：今天晚上有空嗎？

B：你有甚麼好的計劃呢？

A：我們看一片電影去怎麼樣？

B：你想看哪一部電影？

A：我愛看西部武打片。你呢？

B：我想看喜劇。

73. 영화를 보다

A : 오늘 저녁 시간 있니 ?
B : 무슨 좋은 계획 있어 ?
A : 우리 영화 한 편 보러가는게 어때 ?
B : 어떤 영화를 볼건데 ?
A : 나는 서부 영화를 좋아해.
B : 나는 희극을 보고 싶은데.

주

- 電影 : 영화.
- 計劃 : 계획.
- 一片 : 한편(영화 혹은 소설)
- 西部武打片 : 서부영화
- 喜劇 : 코미디.

74. 你喜歡哪一種音樂?

A: 這音樂很好聽, 是甚麼歌兒?

B: 那首歌兒是我國最有名的歌星唱的。

A: 流行歌曲嗎?

B: 是, 你喜歡甚麼音樂?

A: 我喜歡熱門音樂。

74. 어떤 음악을 좋아하십니까?

A : 이 음악은 아주 듣기 좋군요.
　　무슨 노래죠?
B : 그 노래는 우리나라에서 가장 유명한
　　가수가 부른 노래입니다.
A : 유행가 입니까?
B : 그렇습니다. 어떤 음악을
　　좋아합니까?
A : 저는 팝송을 좋아합니다.

주

- 哪一種 : 어떤 종류.
- 好聽 : 듣기 좋다.
- 歌兒 : 노래.
- 有名 : 유명한.
- 歌星 : 가수
- 熱門音樂 : 팝송.

75. 不舒服嗎?

A：怎麼啦, 不舒服嗎?

B：覺得有一點頭疼和發燒。

A：可能是感冒吧。

B：晚上回去吃幾顆阿斯匹靈就好。

75. 어디 아프니?

A : 웬일이야, 어디 아프니?
B : 두통이 좀 있고 열이 나는 것 같애.
A : 감기가 든 모양이다.
B : 저녁에 돌아가서 아스피린 몇 알 먹으면 돼.

주

- 舒服 : 편안하다.
- 頭疼 : 두통.
- 發燒 : 열이 나다.
- 感冒 : 감기.
- 顆 : 알갱이, 양사.
- 阿斯匹靈 : 아스피린(音譯).

76. 坐計程車去

A：Taxi！

B：您到哪兒去？

A：我到華客大飯店去。請快點吧。

B：好，你從中國來的吧。

A：是。

B：歡迎到韓國來。

76. 비행장에서 택시를 탔을 때

A : 택시!
B : 어디까지 가시나요?
A : 워커힐 호텔로 갑시다.
　　빨리 좀 가 주십시요.
B : 알겠읍니다. 중국에서 오셨나보군요.
A : 그렇습니다.
B : 한국에 오신 걸 환영합니다.

주

● 坐 : 타다(차 종류를).
● 歡迎 : 환영합니다.

77. 韓國隊勝了美國隊

A：我們韓國排球隊大勝美國隊。

B：你說眞的嗎？

A：眞的。以三比零大勝了。

B：那麼韓國隊贏得冠軍吧！

77. 한국팀이 미국팀을 이겼읍니다

A : 우리 한국 배구팀이 미국팀을 크게 이겼어!
B : 너 정말이야?
A : 정말이야. 3 : 0 으로 크게 이겼다구.
B : 그럼 한국팀이 우승을 한거잖아!

주

- 隊 : 팀, 편.
- 排球 : 배구.
- 以~比~ : ~대~으로.
- 勝 : 이기다.
- 贏 : 이기다.
- 冠軍 : 패권, 우승.

78. 你有沒有錢？

A：王先生，你有錢沒有？

B：有，你要多少？

A：你有五百塊沒有？我要買一張劃兒。

B：給你一千塊錢。請你買兩張，我也

要買一張。

78. 돈 좀 있으세요?

A : 왕 선생. 돈 좀 있어요?
B : 예. 얼마가 필요한가요?
A : 500원 있어요? 그림 한 장을 사려구요.
B : 여기 1,000원 있어요. 두 장 사세요.
　　저도 한 장 사겠어요.

주

● 劃兒 : 그림.

79. 你們愛唱歌兒嗎?

A：你們愛唱歌兒嗎?

B：我們很愛唱歌兒。

A：現在唱一首歌兒好不好?

B：你們願意唱甚麼歌?

A：我想聽中國歌兒。

79. 노래 부르기를 좋아하십니까?

A : 당신네는 노래 부르는 걸 좋아합니까?
B : 우리는 노래 하기를 아주 좋아합니다.
A : 지금 한 곡 불러 보는게 어때요?
B : 당신들은 어떤 곡을 부르기를 원합니까?
A : 나는 중국노래가 듣고 싶습니다.

주

● 唱 : 노래 부르다.
● 一首 : (노래) 한 곡, 양사.

80. 到慶州坐甚麼車去？

A：你們到哪個地方去？

B：我們到慶州去。

A：你們坐火車去嗎？

B：不，我們坐汽車去。

A：爲甚麼不坐飛機？

B：到那兒没有飛機。

80. 경주까지 뭘 타고 갑니까?

A : 어느 곳으로 가십니까?
B : 우리는 경주로 갑니다.
A : 기차 타고 가십니까?
B : 아니요. 우리는 자동차로 갑니다.
A : 왜 비행기를 타지 않나요?
B : 거기까지는 비행기가 없읍니다.

주

- 汽車 : 자동차.
- 飛機 : 비행기.

81. 你們選手團都是幾個？

A：這次亞州競賽參加的你選手團都是幾個？

B：男女一共三百左右。

A：那麼多嗎？

B：我們不是小的國家。

81. 당신네 선수단은 모두 몇 명입니까?

A : 이번 아시안 게임에 참가한 당신네 선수단은 몇 명이나 되나요?

B : 남녀 합쳐서 300명 내외입니다.

A : 그렇게 많은가요?

B : 우리나라는 작은 나라가 아니니까요.

주

- 選手 : 선수.
- 亞州競賽 : 아시안게임.
- 參加 : 참가하다.

82. 參觀了甚麼地方？

A：昨天你參觀了甚麼地方？

B：我們參觀了一個工廠。

A：你們覺得怎麼樣？

B：韓國的工業發展眞了不起。

82. 어느 곳을 견학 했읍니까?

A : 어제 어디를 견학 했읍니까?
B : 우리는 한 공장을 견학 했읍니다.
A : 느낌이 어떻습니까?
B : 한국의 공업발전은 정말 대단합니다.

주

● **參觀** : 참관하다. 견학하다.
● **工廠** : 공장.

83. 你有甚麼困難？

A：你有沒有困難？

B：沒有甚麼。

A：你發生了甚麼困難的事情，

馬上告訴我。我可以幫助你。

B：多謝多謝。

83. 무슨 곤란한 일 있으십니까?

A : 무슨 곤란한 일 있으십니까?
B : 별 것 없읍니다.
A : 무슨 곤란한일이 생기면 곧 저에게 알려 주십시요. 제가 도와드릴 수 있읍니다.
B : 고맙습니다.

주

● 困難 : 어려움, 곤란, 곤란하다.
● 發生 : 생기다.
● 告訴 : 알리다.
● 幇助 : 돕다, 도와주다.

84. 帶雨傘去吧

A：天快要下雨了。你拿傘去吧！

B：現在還沒下雨。

A：還是帶去好。

B：太麻煩，不用吧。

A：你聽我的話就好，拿去。

84. 우산을 가지고 가세요

A : 하늘이 금방 비가 올 것 같은데.
　　우산을 가지고 가세요.
B : 지금은 아직 비가 안와요.
A : 그래도 가져 가는게 좋아요.
B : 귀찮아요. 필요없어요.
A : 내말을 듣는게 좋아요 가져가요.

주

● 帶 : ~을 가지고.
● 傘 : 우산.
● 麻煩 : 귀찮다.

85. 看電視

A：爸爸，你要看甚麼節目？

B：看新聞吧。

A：西部片子不好嗎？

B：那麼，你看完了，好好兒用功吧。

A：知道了。看完了就用功。

85. T·V 시청

A : 아빠 무슨 프로그램 보실 거예요?
B : 뉴스 보자꾸나.
A : 서부 영화가 좋지 않나요?
B : 그럼 다 보고 나서 열심히 공부하기다.
A : 알았어요. 다 보고나면 공부할께요.

주

- 電視 : T.V.
- 節目 : 프로그램.
- 新聞 : 뉴우스.
- 用功 : 공부하다.

86. 頭一次到漢城來嗎？

A：先生，這是頭一次到漢城來的嗎？

B：是，初次來的。

A：以後你有空，請隨便到我家來談一談吧。

B：好，謝謝。

86. 처음 서울에 오십니까?

A : 선생님 이것이 처음 서울에 오시는 겁니까?
B : 예. 처음 온겁니다.
A : 이후에 시간이 있으면 아무 때나 우리집에 오셔서 이야기나 나누십시다.
B : 그러지요. 감사합니다.

주

- 頭一次 : 처음으로.
- 隨便 : 마음대로.
- 談一談 : 얘기하다.

87. 請客

A：王先生，你來了。

B：我不客氣就來了。

A：歡迎歡迎請坐。

B：您請。

A：我請你吃飯可沒有甚麼好菜。

B：哪兒的話，太豐盛了。

87. 손님을 초대하다

A : 왕 선생님. 어서 오십시요.

B : 사양치 않고 이렇게 왔읍니다.

A : 환영합니다. 앉으시죠

B : 당신도 앉으세요.

A : 식사에 초대하고는 아무 좋은 요리도 없군요.

B : 별 말씀을. 너무 풍성합니다.

주

- 請客 : 손님을 청하다.
- 請坐 : 앉으세요.
- 哪兒的話 : 별 말씀을요.
- 豐盛 : 풍성합니다.

88. 趁着休假去旅行

A：趁着休假我要旅行去。

B：到哪方面去？

A：濟州方面。

B：正是好時候哪。甚麼時走？

A：下個禮拜。打算去五六天。

B：一塊兒去好不好？

A：那更好。

88. 휴가를 이용해서 여행을 갑니다

A : 휴가를 이용해서 여행가려고요.

B : 어느 쪽으로 가시게요?

A : 제주 방면으로요.

B : 마침 좋은 때 군요.
   언제 가지요?

A : 다음주에요. 5, 6일 정도 예상해요.

B : 같이 가도 될까요?

A : 그거 더욱 좋죠.

주

- 趁着 : ～을 틈타서, ～을 이용해서.
- 旅行 : 여행.
- 休假 : 휴가.
- 正好 : 마침 좋은.
- 打算 : ～할 예정이다.
- 更 : 더욱.
- 一塊兒 : 함께.

89. 超級市場去

A：我要到超級市場去。一起去吧。

B：我不能去。

A：那我替你買點兒東西。你需要甚麼？

B：那就好。我要買肥皂和牙膏。

對不起，給你麻煩。

89. 슈퍼마켙에 갑니다

A : 나 슈퍼마켙에 갈려고 하는데
    같이 가자.
B : 나는 못가.
A : 그럼 내가 너 대신 물건 사다 줄께.
    뭐가 필요해 ?
B : 그럼 돼겠다. 난 비누와 치약을
    사야해. 미안해 귀찮게 해서.

주

- 紹級市場 : 슈퍼마켙.
- 替 : ~를 대신해서.
- 需要 : 필요하다.
- 肥皂 : 비누.
- 牙膏 : 치약.

90. 照一張相片

A：這兒的風景很美麗。

B：對，是很難得的。

A：我很想照一張相片。

B：照像機帶來了嗎？

A：拿來了。請給我一張照一照。

B：好，你那邊站。

90. 사진 한 장 찍읍시다

A : 여기 경치는 정말 아름답다.

B : 맞아, 정말 얻기 어려운 경치야.

A : 난 사진 한 장 찍고 싶은데.

B : 카메라 가져 왔어?

A : 가져 왔어. 한 장 찍어 줄래.

B : 좋아. 그쪽에 서 봐.

주

- 照片 : 사진 찍다.
- 風景 : 풍경.
- 難得 : 얻기 어려운, 드문.
- 照像機 : 카메라.
- 邊 : ~쪽.

91. 漢城裏有沒有觀光地區？

A：在漢城市區有甚麼可看的觀光地？

B：有很多好的地方。

A：是甚麼？

B：東洋最高的南山塔，六十三樓的建築物，還有很多古宮和博物舘。

91. 서울에는 어떤 관광구역이 있읍니까?

A : 서울시에는 어떤 볼 만한 관광지가 있읍니까?

B : 좋은 곳이 많이 있읍니다.

A : 어떤 것 입니까?

B : 동양에서 가장 높은 남산 탑과 63층 빌딩, 그리고 많은 고궁과 박물관 등등이죠.

주

- 觀光地區 : 관광구역.
- 塔 : 탑.
- 建築物 : 빌딩.

92. 漢城大公園在哪兒？

A：聽說在漢城有一個大規模的公園。

B：漢城大公園嗎？

A：那在哪兒？

B：那不是在漢城市內的。

A：那麼在哪一個地方？

B：在漢城附近的果川。

92. 서울 대공원은 어디 있읍니까?

A : 듣자니 서울에는 대규모 공원이 있다던데요.
B : 서울 대공원이요?
A : 어디에 있읍니까?
B : 그것은 서울 시내에 있지 않습니다.
A : 그럼 어느곳에 있읍니까?
B : 서울 부근인 과천에 있읍니다.

주

● 規模 : 규모.

93. 坐地下鐵去

A：請問，我要到仁川去。

哪一個車子就可以？

B：這兒是四號線，你先到漢城車站以後再換一號線車。

A：那個一號線就到仁川去嗎？

B：是的。

93. 지하철을 탔을 때

A : 말씀 좀 물읍시다. 나는 인천에
 가려는데요.
 어느 차를 타야 하나요?
B : 여기는 4호선 입니다. 우선 서울역
 까지 가셔서 다시 1호선으로 바꿔
 타십시요.
A : 그 1호선은 바로 인천까지 갑니까?
B : 그렇습니다.

주

● 換車 : 바꿔 타다.
● 上車 : 차를 타다(↔下車 : 내리다)

94. 人蔘是韓國的特産品

A：這兒有沒有人蔘？

B：有哇，你要甚麼種類？

A：我聽說高麗人蔘最好。

B：這個就是。

A：這個多少錢？

B：一萬五千一箱子。

A：好，給我兩箱。

94. 인삼은 한국의 특산품입니다

A : 여기 인삼 있나요?
B : 있읍니다. 무슨 종류를 원하시나요?
A : 듣자니 고려인삼이 제일 좋다던데요.
B : 이것이 그것입니다.
A : 이것은 얼마인가요?
B : 한 상자에 만 오천원 입니다.
A : 좋아요 두 상자 주십시요.

주

- 種類 : 종류.
- 聽説 : 듣건대.

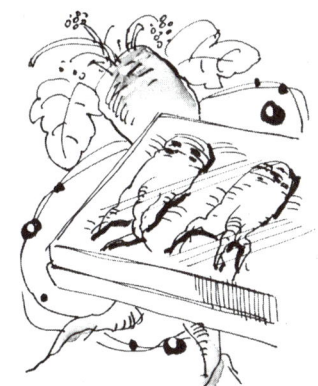

95. 買郵票

A：給我五張七十塊的郵票。

B：三百五十塊錢。

A：這兒有。這裏明信片有嗎？

B：有。

A：給我兩張。

95. 우표를 살 때

A : 70원 우표 5장 주세요.
B : 350원 입니다.
A : 여기 있읍니다. 여기 그림 엽서있읍니까?
B : 있읍니다.
A : 2장 주십시요.

주

● 郵票 : 우표.
● 明信片 : 그림엽서.

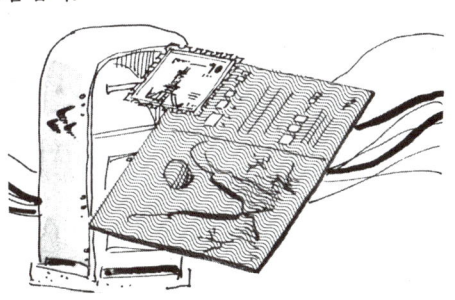

96. 我要發出電報

A：我要發出到臺北電報。

B：把這一張電文填一下。

A：填好了。

B：你要普通電報嗎？

A：是。

96. 전보를 치려고 합니다

A : 타이뻬이 전보를 치려는데요.
B : 이 전문을 채워 적어주세요.
A : 다 적었읍니다.
B : 보통 전보로 하시겠읍니까?
A : 그렇습니다.

주

● 發出電報 : 전보치다.
● 填 : 써넣다(서식에).

97. 韓國的氣候怎麼樣？

A：韓國的氣候怎麼樣？

B：有四季變化，比較溫和。

你們臺灣的氣候呢？

A：我們是熱帶氣候。

97. 한국의 기후는 어떻습니까?

A : 한국의 기후는 어떤가요?
B : 4계절의 변화가 있고 비교적 온화
   합니다.
   대만의 기후는요?
A : 우리는 열대기후 입니다.

주

● 氣候 : 기후.

98. 給我算一算

A：我是 110 號的姓金。請給我算賬。

B：好，請等一下。怎麼早一點走呢？

A：有了一件事情了。

B：這樣子。

A：算好了吧！

B：好，謝謝。請你再來。

98. 계산해 주세요 (숙박료 계산)

A : 전 110호의 김 씨 입니다.
　　계산서를 주시겠어요?
B : 예. 잠깐만 기다려 주십시요.
　　어떻게 이렇게 빨리 떠나십니까?
A : 일이 생겼어요.
B : 그렇군요.
A : 계산 다 됐죠.
B : 다 됐읍니다. 감사합니다.
　　또 오십시요.

주

● 算賬 : 계산서.
● 算一算 : 계산하다.
● 一件 : 事情의 양사.

99. 開往釜山車票給我一張

A：開往釜山車票一張！

B：來回票嗎？

A：不是，單程票。

B：四千兩百。

A：火車離開了沒有？

B：等一會兒開。

99. 부산행 차표 한 장 주세요

A : 부산행 차표 한 장이요.
B : 왕복표요?
A : 아니요. 편도로 주세요.
B : 4,200원 입니다.
A : 기차가 떠났나요?
B : 잠시후에 떠납니다.

주

- 開往 : ~行의.
- 來回票 : 왕복표.
- 單程票 : 편도표.
- 離開 : 떠나다.

100. 給我看一看護照

A：請給我看一下你的護照。

B：這是我的護照。

A：你是從哪兒來的？

B：從臺灣來的。

A：好，給你簽證。

B：謝謝你。

100. 여권을 좀 보여주세요
(입국시)

A : 저에게 당신 여권을 좀 보여주십시요.
B : 이것이 제 여권입니다.
A : 어디서 오셨읍니까?
B : 대만에서 왔읍니다.
A : 좋아요. Visa를 드리지요.
B : 감사합니다.

주

- 護照 : 여권.
- 簽證 : Visa.

101. 有沒有申報的東西?

A：你帶着申報的東西嗎?

B：沒有。

A：那皮包裏有甚麼?

B：滿是衣服。你看看。

A：另外還有沒有行李?

B：沒有。

101. 신고할 물건 있읍니까?
　　(짐 검사시)

A : 신고할 물건 가지고 있읍니까?

B : 없읍니다.

A : 저 가방안에는 뭐가 있지요?

B : 모두 옷입니다. 보십시오.

A : 또 다른 짐은 없읍니까?

B : 없읍니다.

주

- 申報 : 신고하다.
- 皮包 : 가방.
- 滿是 : 모두.
- 行李 : 짐.

102. 新的要上稅

A：你帶來的這手錶是新的吧！

B：是。

A：新的要上稅。

B：要上多少稅金呢？

A：一萬塊。

B：現在沒帶錢怎麼辦？

A：改天再來取好了。

102. 새것은 세금을 물어야 합니다 (세관에서)

A : 가져오신 이 손목시계는 새것이군요.
B : 그렇습니다.
A : 새것은 세금을 물어야 합니다.
B : 얼마나 세금을 내야 합니까?
A : 만원입니다.
B : 지금 돈을 가지고 있지 않은데 어쩌죠?
A : 다음에 다시와서 찾아 가십시오.

주

- 上稅 : 세금을 물다.
- 取 : 가지다, 취하다.

103. 濟州島是最好的明勝地

A：在韓國最好的明勝地是哪裏？

B：我想，那就是濟州島。

A：濟州島是那樣好嗎？

B：倒處都是絶景，景色宜人。

103. 제주도가 가장 멋진 명승지 입니다

A : 한국에서 가장 멋진 명승지는 어디입니까?
B : 내 생각에는 그것은 바로 제주도입니다.
A : 제주도가 그렇게 좋습니까?
B : 가는 곳마다 절경이어서 그 경치가 사람의 넋을 잃게 할 정도입니다.

주

- 明勝地 : 명승지.
- 倒處 : 곳곳마다 모두.
- 景色宜人 : 경치가 사람을 감동시키다.

104. 打折賣

A：這附近有沒有打折賣的？

B：可能是有吧。

你看！ 在那兒有七折。

A：我們到那裏去吧。

104. 할인 판매

A : 이 부근에 할인 판매 하는곳 없읍니까 ?
B : 아마 있을걸요.
　　보세요. 저기는 30% 할인 인데요.
A : 우리 저기로 가봅시다.

주

●打折 : 할인하다.

105. 換錢

A：把旅行支票可以換現款嗎？

B：可以可以。你要換幾塊錢。

A：我要韓幣十萬塊。

B：都簽名好了嗎？

A：都好了。

105. 환전

A : 여행자 수표를 현금으로 바꿀 수 있읍니까?
B : 그럼요. 얼마를 바꾸시겠읍니까?
A : 한국 돈으로 10만원 바꾸겠읍니다.
B : 싸인은 다 하셨나요?
A : 모두 다 했읍니다.

주

- 支票 : 수표.
- 現款 : 현금.
- 韓幣 : 한국화폐.
- 簽名 : 서명하다.
- 好了 : 마치다.

106. 最美麗的季節是哪一個？
<small>쭈이메이 리 더 지지에스 나 이 거</small>

A：在韓國最美麗的季節是甚麼時候？
<small>짜이 한 구오쭈이메이 리 더 지지에스 션 머 스 호우</small>

B：我想秋天最好。
<small>워 샹 치우티엔쭈이하오</small>

A：冬天呢？ 我很想看下雪的風景。
<small>똥 티엔 너　　워 헌 샹 칸 시아쉬에 더 펑 징</small>

B：冬天的雪景也好。
<small>똥 티엔 더 쉬에 징 예 하오</small>

106. 가장 아름다운 계절은 언제 입니까?

A : 한국에서 가장 아름다운 계절이 언제 입니까?
B : 내 생각에는 가을이 가장 좋습니다.
A : 겨울은요? 나는 눈 내리는 풍경이 매우 보고 싶습니다.
B : 겨울의 설경도 멋지지요.

주

● 下雪 : 눈이 내리다.

107. 在漢城最繁鬧的地方

A：在漢城最繁鬧的地方是哪裏？

B：當然是明洞。

A：那兒爲甚麼這樣繁鬧。

B：那兒是流行的中心。

107. 서울에서 제일 번화한 곳

A : 서울에서 제일 번화한 곳이 어딥니까?
B : 물론 명동이지요.
A : 거기는 왜 그렇게 복잡합니까?
B : 그곳은 유행의 중심이랍니다.

주

● 繁鬧 : 번화하다, 복잡하다.
● 流行 : 유행하다.
● 地方 : 곳, 장소, 지점.

108. 你對於韓國有關心嗎?

A：你對於韓國有沒有關心?

B：我很有關心。

A：覺得怎麼樣?

B：韓國是很有希望的國家。

108. 한국에 대해서 관심이 있읍니까?

A : 당신은 한국에 대해 관심이 있읍니까?
B : 매우 관심이 있읍니다.
A : 어떻게 느끼십니까?
B : 한국은 희망이 있는 나라입니다.

주

- 對於 : ~에 대해서.
- 關心 : 관심을 갖다.
- 國家 : 나라.
- 希望 : 희망, 원하다.

109. 運動場裏不可以帶瓶類去

A：這是甚麼？

B：這是一瓶可樂。

A：這不能帶進去。

B：爲甚麼？

A：打破的話，給選手受傷。

B：不知道了，對不起。

109. 운동장에는 병 종류를 가져갈 수 없읍니다

A : 이것은 뭡니까?
B : 콜라 한 병인데요.
A : 이것은 가지고 들어갈 수 없읍니다.
B : 왜요?
A : 깨지면 선수들을 다치게 하니까요.
B : 몰랐읍니다. 미안합니다.

주

● 打破 : 깨다, 깨지다.
● 進去 : (안으로) 들어가다.

110. 買禮物

A：我要買一個禮物，甚麼是好呢？

B：送給哪一個人的？

A：送給爸爸的。

B：那麼這一個人蔘茶怎麼樣？

110. 선물을 사려고 합니다

A : 선물을 하나 사려는데, 어떤 것이 좋을까요?
B : 어느분에게 드릴건가요?
A : 아버님에게 드릴겁니다.
B : 그럼. 이 인삼차는 어떻습니까?

주

● 禮物 : 선물.
● 送給 : (선물 따위를) 주다.

111. 馬上就好

A：我們一起去吧。

B：請等一會兒。

A：你幹甚麼？

B：我要換一換衣服。

A：快點兒吧。

B：馬上就好，不要着急。

111. 금방 됩니다

A : 우리 같이 갑시다.

B : 잠깐만 기다리세요.

A : 뭐 합니까?

B : 옷 좀 갈아 입으려구요.

A : 빨리해요.

B : 금방 됩니다. 다급하게 굴지 말아요.

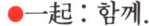

- 馬上 : 금방, 곧.
- 一起 : 함께.

112. 來回得十多天吧

A：你要到哪兒去？

B：到釜山去。

A：打算去多少日子。

B：來回得十多天吧。

A：行李都預備好了嗎？

B：只帶一個皮包。

112. 갔다 오는데 10일 정도 걸릴거야

A : 어디 가니?
B : 부산에 가.
A : 얼마 동안이나 가 있을 작정이니?
B : 갔다 오는데 10일 정도 걸릴거야.
A : 짐은 모두 챙겼니?
B : 가방 한 개만 가져가.

주

●預備 : 준비하다.

113. 你來幫我的忙吧

A：你現在忙不忙？

B：不忙。

A：那好了，你快來幫我的忙。

B：甚麼事？

A：我們一起去打掃吧。

113. 와서 나 좀 도와 주세요

A : 너 지금 바쁘니?

B : 아니.

A : 그럼 잘됐다. 빨리와서 나 좀 도와줘.

B : 무슨일이야?

A : 우리 같이 청소하자.

주

- 幫忙 : 도와주다.
- 打掃 : 비질하다, 청소하다.

114. 今年暑假有沒有計劃？

A：今年暑假你有甚麼計劃？

B：沒有甚麼特別的。

A：到海邊去玩一玩吧。

B：那很好。

114. 금년 여름 휴가에 계획이 있읍니까?

A : 금년 여름 휴가에 무슨 계획 있어요?
B : 특별한 것 없는데요.
A : 해변에 가서 노는 게 어떨까요.
B : 그거 좋지요.

주

● 暑假 : 여름휴가, 여름방학.
● 玩 : 놀다.

115. 跟我比賽好不好？

A：你會不會打網球？

B：會一點。

A：跟我一場比賽好不好？

B：可是我沒有球拍。

A：我有兩個，借給你一個就可以。

115. 나와 겨루어 보는 게 어떻습니까?

A : 너 테니스 칠 줄 알아.
B : 조금 할 줄 알아.
A : 나와 한 판 겨뤄 보자구?
B : 그런데 나는 라켙이 없어.
A : 내가 2개니까 너한테 하나 빌려주면 되지.

주

● 比賽 : 겨루다, 시합하다.
● 球拍 : 라켓.

116. 這個水果叫甚麼？

A：請問，這個水果叫甚麼？

B：這個叫蘋果。

A：你喜歡吃蘋果嗎？

B：我很喜歡吃。

A：哪個又好看又香呢？

B：都差不多。你來嚐嚐一個。

116. 이 과일은 무엇입니까?

A : 말 좀 묻겠읍니다. 이것이 무슨 과일이지요?
B : 이것은 사과입니다.
A : 사과를 좋아 하십니까?
B : 아주 좋아 합니다.
A : 어느 것이 예쁘고 맛도 좋을까요?
B : 모두 비슷합니다. 한 개 맛보시지요.

주

- 蘋果 : 사과.
- 香 : 맛이 좋다.
- 嘗 : 맛보다.

> 판 권
> 본 사
> 소 유

기초 중국어 회화

2016년 1월 25일 재판
2016년 1월 30일 발행

지은이 / 편 집 부
펴낸이 / 최 상 일

펴낸곳 / 太乙出版社
서울특별시 중구 동화동 52-107
등록 / 1973년 1월10일(제4-10호)

©2001, TAE-EUL publishing Co., printed in Korea
잘못된 책은 구입하신 곳에서 교환해 드립니다.

■ 주문 및 연락처

우편번호 100-456
서울특별시 중구 동화동 52-107 (동아빌딩 내)
전화 / 2237-5577 팩스 / 2233-6166

ISBN 978-89-493-0484-7 13720